AF273167

Jean Louis Vermaelen

Écrire pour se souvenir

Dernières lettres d'un fusillé

novum ➍ pocket

© 2023 novum publishing

ISBN 978-3-903382-04-6
Photo de couverture:
Vlad Salikhov I Dreamstime.com
Création de couverture,
mise en page et paragraphe:
novum publishing
Illustrations: Jean Louis Vermaelen

Les illustrations fournies par l'auteur
ont été imprimées dans la meilleure
qualité possible.

www.novumpublishing.fr

Climate neutral
Print product
ClimatePartner.com/16547-2201-1002

Jean Louis Vermaelen est né à Auxi le Château, Pas de Calais, le 18 décembre 1937. Il avait cinq ans lorsque son papa fut fusillé par les Allemands dans les fossés de la Citadelle d'Arras, tandis que sa maman était emprisonnée à Béthune, ayant fait partie elle aussi de la Résistance.

Chers enfants de 2022, sachez que vos grands parents étaient des *Combattants de l'Ombre*, des résistants engagés dès les premières heures pour lutter contre l'occupant.

Ce livre contient les quelques lettres qu'a pu écrire, au crayon, mon père durant son incarcération dans la prison Saint Nicaise d'Arras : la première lettre est datée du 8 mai 1942 ; la dernière, du 24 juillet 1942, est écrite à 17 heures, soit trois heures avant d'être fusillé. Cette dernière lettre est bouleversante de sobriété et de sérénité.

Écrire pour se souvenir

— Qui êtes-vous, Monsieur ?

Le choc fut reçu en pleine poitrine.

— Mais c'est moi, Maman, pourquoi dis-tu cela ? Tu ne me reconnais pas ? Je suis venu passer un moment avec toi comme chaque semaine.

— Alors entrez, Monsieur, et racontez-moi pourquoi vous êtes ici en arrivant si tard.

Immédiatement, le terrible mot d'Alzheimer me vint à l'esprit. Se pouvait-il qu'à quatre-vingt-trois ans, ce fussent les premiers signes de cette calamité ? Le temps de m'en remettre et de m'avancer jusqu'à son fauteuil pour l'embrasser, elle s'était assoupie, tête inclinée sur le côté. Je dus me contenter de la contempler et de lui remettre dans les cheveux une mèche tombée sur son front et sur un œil.

J'étais venu pour lui demander si elle avait retrouvé dans sa mémoire les souvenirs qu'elle avait toujours repoussés à me dire et qu'elle consentait maintenant à me donner. Y avait-il des signes qui l'avertissaient de ne plus tarder ?

Était-elle victime de simples troubles de la mémoire ou d'une évolution progressive d'une altération intellectuelle qui m'aurait échappé ? Allait-elle échapper à son maintien au domicile seule ?

Il ne me restait plus qu'à attendre son réveil. Je ne lui connaissais aucun secret, mais je savais qu'elle avait gardé bien cachées les dernières lettres de mon père :

Albert Vermaelen fusillé par les Allemands le 24 juillet 1942 à l'âge de 27 ans dans les fossés de la Citadelle d'Arras.

Inutile de chercher plus loin. Je n'avais que cinq ans à l'époque. Mon petit frère trois ans et ma sœur aînée six ans et demi. Voulait-elle me montrer ces dernières lettres d'un condamné ? Depuis un certain temps, je m'étais promis de mettre par écrit, en remontant le plus loin possible en arrière – quatre ans, trois ans et pourquoi pas deux ans, donc tout petit – tous les souvenirs qui avaient un rapport avec mon père. J'avais commencé à en parler avec ma mère. Mais celle-ci, loin de m'encourager avait assuré que je ne bénéficierais d'aucune aide de qui que ce soit et surtout pas d'elle. Tout ce que j'avais pu lui arracher c'est qu'elle accepterait de me dire ce qui était faux ou ce qui était vrai. Je voulais comparer mes souvenirs avec ceux de ma sœur aînée qui en possédait davantage. Notre mère devait servir d'arbitre entre nous.

Tout à coup, elle se mit à pleurer à gros sanglots et se tournant vers moi, elle me dit : « tu vas comprendre pourquoi, pour moi, c'est une épreuve difficile à évoquer par ce seul et premier exemple que je te donne ».

« Je vais te dire comment est mort ton oncle Léon (qui vous avait transportés à l'époque en tricycle de Loison à Auxi). Arrêté dans une rafle devant l'entrée de son usine, soupçonné d'être communiste, interrogé, torturé pour ne pas avoir voulu dénoncer d'autres camarades, il partit dans un wagon plombé vers une destination inconnue. »

« C'est par l'intermédiaire d'une lettre d'un ami de Léon, lui aussi détenu, que la vérité nous est parvenue. Léon avait capturé un bébé souris venu se réfugier dans sa couverture. Au lieu de le tuer, il avait entrepris de le

7

domestiquer, voire de le nourrir, mais avec quoi ? Avec des miettes de nourriture prélevées sur sa maigre part quotidienne, il avait réussi à le faire grandir, à l'appeler pour le faire sortir de son terrier et lui permettre de se réfugier de temps en temps dans la manche de sa chemise. »

« Mais un jour, lors d'une fouille systématique des cabines en bois de leur dortoir, un surveillant aperçut la souris qui grimpait sur le bras de Léon. Il l'attrapa et la tenant par la queue il la fit balancer devant les yeux de Léon et lui dit : « Tu vas la manger vivante devant nous, sinon je te mets mon pistolet sur ta tempe et j'attends que tu t'exécutes ». Devant le refus de Léon le garde ajouta : « Tu lui écrases la tête avec les dents et ensuite tu écrases le reste et tu finis par la queue ». Léon refusa à nouveau malgré la pression du canon de révolver sur sa tempe. La chambrée était tétanisée, muette d'horreur. « Je compte jusqu'à trois » en posant la souris sur la lèvre supérieure de Léon en guise de moustache noire. Léon fit encore non de la tête mais un coup de feu assourdissant lui fit exploser le crâne. Voilà comment est mort mon ami. Quelle horreur ! »

Complètement anéanti par un récit pareil, que j'entendais pour la première fois, j'avais gardé le silence en face de ma mère, tout en regardant ses larmes qui coulaient sur ses joues et qu'elle n'essayait même pas d'essuyer.

— Tu vois, mon garçon, l'étendue de ce que tu ne sais pas. Pitié, s'il te plaît, ne m'oblige pas à rouvrir toutes les plaies qui datent de la mort de ton père. Laisse-moi mourir en paix si Alzheimer veut bien m'accorder du répit de temps en temps.

— Bien sûr, je comprends mais si tu ne veux pas lire ce qu'un petit garçon de cinq ans a pu retenir et raconter avec sa mémoire à trous, je n'insiste pas et je ne te montre pas ces feuilles. Mais pourquoi me parles-tu d'Alzheimer ?

— Pour rien. Mais si, donne, je te les rendrai la semaine prochaine. J'espère que chaque semaine je n'aurai pas à renouveler une telle souffrance. Nous parlerons de ton grand père. L'as-tu bien connu ?

— Oh que oui. Il adorait plaisanter. Il transformait tout en scène de théâtre où il jouait à lui tout seul les personnages, les scènes, les voix qu'il savait imiter à la perfection. Il prétendait parler plusieurs langues, dont et surtout le vrai picard qu'il utilisait sciemment pour déconcerter ses auditeurs. Il riait toujours en voyant leur ébahissement et le nôtre. Il affirmait avec aplomb qu'il avait été un romancier célèbre et qu'il adorait les imparfaits du subjonctif dans ses conversations. En voici un petit échantillon :

[A lire à haute voix]

« Té leur diro qu'ils nous attinchent. Pour arriver à Berck avant midi, im faut d'abord canger de cmise, em manche elle est tout azie (brûlée par le fer à repasser) pis imme faut prindre emme cachoire (fouet) parce qu'avec les tiots qui vont crier sans arrêt din m'baigneux, (tombereau) les quvaux risquent de faire n'importe quoi mais avec mi pas d'problème, laissez me faire. Y faut dire que j'ai quand même fait cinq guerres : 1870, 1914, 40, Vietnam, Afrique du Nord. [Jamais personne n'aurait osé lui dire qu'il oubliait la Révolution de 89, qu'il exagérait et que c'était impossible.] Il aurait reçu aussitôt une torgniole retentissante. Y a pu d'plache pour em quincaillerie de médalles sur m'uniforme. Je t'el donnerai en héritache, cha coûte ker, té pourras en tirer un bon sou.

— C'était un phénomène, ton grand père, mais on en reparlera plus tard.

Elle avait l'air d'avoir recouvré une parfaite lucidité. Elle enchaîna :

— J'ai pris rendez-vous avec le médecin car il y a des jours où ça ne va plus du tout. J'ai fait des calculs inquiétants, ça fait deux milliards six cent millions de fois que mon cœur a battu depuis que je suis venue au monde.

— Tu es sûre que la pile de ta calculette est encore bonne ?

— Bien sûr que oui, mais les gens à qui je communique ces nombres prennent peur pour eux-mêmes et n'osent pas prendre conscience de leurs propres résultats.

« Une pulsation en moyenne à la seconde (tantôt plus, tantôt moins) multiplié par 60 = 3 600 par heure X par les 24 heures de la journée = 86 400, à nouveau multiplié par les 365 jours de l'année 31 536 000 et enfin multiplié par mes 83 ans cela donne 2 milliards 617 millions 488 000 et des poussières. On se dit c'est incroyable ! On s'étonne alors d'être encore en vie. »

Du coup, j'ai demandé à voir le cardiologue qui m'a répondu :

— Ma chère Madame, je n'ai jamais eu moi-même la curiosité de faire ce calcul. Vous en connaissez beaucoup des moteurs qui ont ces performances sans contrat d'entretien ? Avec la médecine moderne, maintenant, on fait des miracles. On peut aider votre cœur à battre avec une régularité parfaite. Si vous constatez que votre cœur a des ratés ou un mauvais rythme on peut faire tout de suite quelques enregistrements, scanner, échographie, IRM et éventuellement installer un pacemaker au prix d'une petite cicatrice de moins de cinq centimètres.

— Non docteur, ce n'est pas tout à fait cela. Il y a autre chose que le cœur, mais si vous le voulez bien je souhaiterais revenir vous voir pour parler d'autres symptômes.

Ce jour-là, intrigué, le docteur renonça à approfondir. Qu'y avait-il derrière ces restrictions ?

Bêtement et égoïstement occupé par mes prétentions d'écrivain, je suis revenu à la charge et lui ai redemandé si elle acceptait de lire mes souvenirs.

— Si je vis encore... Depuis longtemps j'avais donné à ta sœur ces lettres de ton père pour qu'elle en fasse le meilleur usage possible. Ce qu'elle fit en confectionnant avec amour ce fascicule que tu ne connaissais pas. Ta sœur te l'a donné et je suis contente. Je n'aurai plus à pleurer sur chaque page. Vous avez été reconnus pupilles de la nation mais votre souffrance est toujours intacte.

— J'emporte ce fascicule pour le lire avec sérénité. Si je dois quand même te demander des renseignements j'espère que tu y consentiras. Allez, je t'embrasse et je reviens le plus vite possible.

— Si je ne suis pas morte.

— Encore tes idées noires.

Mes propres souvenirs

Quand la Gestapo arriva en Citroën noire, il y avait longtemps que le quartier avait été bouclé discrètement. Livide au milieu de la véranda, Père avait compris que quelque chose ou quelqu'un dans le dispositif avait craqué. Il réussit à grimper par l'échelle qui restait toujours là, au cas où, pour atteindre le toit et se sauver. Moi, petit Jean, surpris par l'immobilité de ma mère, me mis à hurler en m'agrippant à sa robe. Lentement et d'une main caressante, elle enroula les mèches blondes autour de ses doigts et serra les dents. Sans résistance, elle se laissa entraîner et bousculer sur le siège arrière de la Citroën. Mes hurlements s'étaient communiqués au petit dernier. La voisine, qui avait épié la scène derrière son rideau enjamba la séparation entre les deux jardins et vint consoler les enfants du mieux qu'elle put. Elle nous servit à chacun les flageolets verts prévus au repas en oubliant la viande qui mijotait. Jean se souvint toute sa vie du long voyage entre Loison et Auxi. Blotti contre mon frère dans une couverture et calé dans la petite cariole à deux roues, tirée par le vélo de l'oncle Léon. Momentanément, la curiosité des paysages nous avait fait oublier le sort de notre mère. Quasiment ankylosés, nous fûmes extraits du tricycle, couverts de baisers et passés de bras en bras jusqu'auprès du poêle à charbon. Une longue période de vie mouvementée et vagabonde commençait pour nous.

Les souvenirs de ma petite sœur étaient plus précis. Un jour, deux voitures s'immobilisèrent le long de notre trottoir. De l'une descendirent des hommes en gabardine, de l'autre des soldats portant une plaque de métal pendue autour de leur cou au bout d'une chaînette. Ils venaient pour visiter et fouiller la maison. Poliment et méthodiquement, ils ouvrirent ou firent ouvrir tout ce qui ressemblait à un tiroir ou à une porte. Arrivés dans la chambre de père et mère ils s'attardèrent autour de la cheminée et la sondèrent. Pendant ce temps-là, Jeannot pleurait à chaudes larmes en criant « Maman, Maman » tout en s'agrippant au couvre-lit et en le tirant vers lui. Agacés par ses cris, ils abandonnèrent là, alors qu'ils se trouvaient justement au-dessus des fameuses lattes mobiles du parquet, dissimulées sous une descente de lit usée.

Je reviendrai nécessairement plus tard sur cette petite fosse-cachette qui aurait pu signer notre arrêt de mort à tous en cas de découverte.

Pour cette fois, ils n'insistèrent pas et partirent. Savaient-ils déjà quelque chose ou passaient-ils méthodiquement en revue les domiciles de tous les ouvriers communistes de l'usine HGD avec une patience qui ne négligeait rien ? On racontait que, dès leur arrivée à Loison, la direction de l'usine leur avait communiqué la liste des ouvriers communistes et tous avaient été arrêtés, cueillis au saut du lit le même jour au même moment. Depuis longtemps, le standard téléphonique permettait d'écouter et d'enregistrer toutes les conversations entrantes ou sortantes. Épouvantée, la secrétaire avait alerté secrètement la résistance, et s'était mise en congé de maternité. Pour son malheur, sa remplaçante n'eut pas cette chance. Son courage fut récompensé par un envoi direct en camp de concentration. L'existence de ce mouchard ne fut révélée que bien plus tard, quand, investi dans son bureau par les FFI, le patron fut contraint de révéler le fonctionnement de cet espion.

Pour nous à Loison, l'alerte avait été chaude et aurait dû rendre mes parents plus prudents. Mais ils estimèrent que, pour ne pas attirer l'attention sur eux, ils ne devaient en rien modifier leurs habitudes quotidiennes. Pourquoi ne les aurais-je pas cru ?

La résistance organisée était née chez les mineurs et dans les usines. Disposant parfois de moyens pour écrire et diffuser les tracts ou l'information syndicale, ils voulaient que, dans chaque foyer on eût la possibilité de lire les appels au recrutement, les vrais bulletins d'information nationale et même internationale. Il fallait convaincre les hésitants, les isolés, les indifférents.

Il fallait, grâce aux moyens dont ils disposaient, pour écrire les tracts, les taper à la machine, trouver des titres accrocheurs, les distribuer enfin demandait une sélection rigoureuse des hommes ou des femmes. En outre, il fallait trouver des cachettes sûres, des replis, des caves et des greniers, mais surtout des cœurs. Chacun connaissait les risques mais préférait éliminer l'hypothèse de la trahison, de la malchance ou enfin du camarade tellement torturé qu'il finissait par craquer et donner l'inavouable.

Dans la chambre à coucher de mes parents, les lattes du parquet s'enlevaient sous la descente de lit et sous les bastaings de bois une cache d'un mètre de profondeur permettait de dissimuler des objets encombrants. A quoi servait-elle auparavant, je l'ignorais. Toujours est-il que c'est là que fut caché le matériel d'imprimerie du réseau Loison sous Lens, la ronéo. Je me revois, dans la buanderie de la maison, assis sur un gros oreiller plié en deux, sur une chaise, pour que je sois à la bonne hauteur, en train de prendre une feuille à la fois d'une rame de papier et avec mes petites mains, l'introduire sous un gros rouleau tout noir juste au moment où sur un signe de tête, père ou mère tournait une manivelle, toute polie et nickelée. Parfois une feuille était mal présentée, restait collée au rouleau encreur ou se froissait dans les engrenages latéraux et bloquait tout. Chaque feuille ainsi perdue n'était pas jetée dans la corbeille à papier mais brûlée dans le poêle en fonte et ça sentait le goudron.

Il y eut pour moi des moments moins angoissants. Juché sur le muret longeant la route, je me cramponnais à la grille rouillée pour regarder devant moi le spectacle de la rue. Un Allemand s'avança vers moi et s'efforçant d'être le plus gentil possible, il me parla doucement tout en frottant ma joue avec son index. Il me demanda mon prénom, ce que faisait mon papa, si j'avais des frères ou des sœurs. Répondant par monosyllabes, par timidité, je fus attrapé sous les bras, hissé par-dessus la grille et emmené à bras jusqu'à leur cantine. Je vis une grande bassine de rondelles de tomates, leur couleur rouge et leur jus me fascinaient (c'était la première fois que j'en voyais). Je me laissais porter mollement par cet Allemand. Mes cheveux tout blonds, mes yeux bleus, ma bouille toute blanche devaient sans doute lui rappeler un petit garçon qui me ressemblait beaucoup et qui lui remémorait des souvenirs attendrissants. Je me suis toujours demandé s'il faisait partie de ces Allemands qui pleuraient en fusillant l'humain en face de lui. Quand il me reposa derrière ma grille, il me donna un paquet de gaufrettes et une petite plaque de chocolat. Comme réveillé en sursaut, je partis tout courant donner mes cadeaux à maman qui me pressa de questions. Avais-je été trop bavard ? En tout cas, ce n'est pas moi qui ai mangé ces friandises.

Ce soir-là, un brouillard lourd noyait toute la région. Des nappes opaques faisaient parfois disparaître toute une partie de l'horizon et de notre quartier. Quand Père enfourcha la bicyclette qu'il devait abandonner à trois cent mètres de la Kommandantur, il remonta sur sa bouche le cache-nez de laine qui lui masqua la moitié du visage. Il s'assura que la musette de grenades solidement attachée sur ses reins ne lui battait pas le dos à chaque cahot de la route. Une rapide claque sur la poche intérieure de son bourgeron pour vérifier l'emplacement du browning et il appuya avec fermeté sur les pédales. Il devait se faire passer pour un ouvrier se rendant à l'heure habituelle à son usine. Il sourit presque de la complicité de ce brouillard. Pour se donner du courage, il accéléra peu à peu l'allure. Presque arrivé au carrefour du Pont Maudit il ne vit pas les sentinelles tapies dans les hautes herbes du talus. Elles le laissèrent tourner à droite, s'engager sur le pont et elles bondirent sur la chaussée juste derrière lui, en lançant un coup de sifflet strident et impératif. Surpris, père se retourna et vit le barrage des Allemands sur la chaussée, mitraillette au poing. Un vigoureux coup de pédale rageur le déséquilibra presque et il partit en zig-zag pour les derniers mètres du pont. C'est alors qu'il vit devant lui se former le même barrage d'Allemands, mitraillette au poing : la souricière. Sans réfléchir, il fonça sur eux, en bouscula deux au passage et tenta de se sauver. Les Allemands ne pouvaient pas tirer au risque de s'entretuer avec ceux d'en face. Maintenant qu'il avait franchi le second barrage, seul au milieu de la route, il offrait tout son dos comme cible immanquable. Alors, il plongea avec son vélo vers le fond du talus. Il fit un roulé boulé en essayant de dégager la courroie de sa musette pour saisir au moins une grenade et la lancer dans le groupe. Une première rafale lui passa juste au-dessus de la tête, une seconde le toucha dans l'épaule de plein fouet au moment où il se relevait., une autre balle lui traversa de part en part la paume droite. Dévalant le talus, plusieurs Allemands le saisirent par les cheveux et l'immobilisèrent en lui enfonçant la tête dans l'eau du fossé. Il se vit mourir noyé.

Quinze jours auparavant, il avait reçu l'ordre de faire sauter la Kommandantur de Carvin. L'attaque avait été minutieusement préparée, les lieux reconnus. Le filtrage à l'entrée était sévère et long, autant ensuite la circulation dans les étages paraissait aisée.

En bourgeron d'ouvrier, musette au dos, il avait l'air d'avoir travaillé. Le planton lui demanda ce qu'il voulait dans un français impeccable.

— Vous prévenir qu'un sabotage important doit avoir lieu.

— Où et quand ?

— Je ne peux le confier qu'au chef.

Le planton commit deux fautes coup sur coup. Il ne vérifia pas le contenu de la musette et il conduisit lui-même Père au second étage, sans garder sa place et sans se faire remplacer. Il escalada les escaliers en tête, suivi de près par Père. Il frappa à la porte du commandant ; laissant Père seul dans le couloir quelques instants sous le regard soupçonneux, sévère et furieux du planton du second qui faillit tout faire échouer. Père fit semblant de fouiller dans sa musette pour se donner une contenance alors qu'il dégoupillait une première grenade. Dès que le planton lui fit signe d'entrer, Père le repoussa violemment dans la pièce et lança la grenade. Il fut plaqué contre le mur du couloir par le souffle de l'explosion qui arracha la porte de ses gonds. Le planton du second était en train de dégainer son pistolet. La deuxième grenade lui arriva dans les jambes au moment où il allait tirer. Père fut projeté dans la cage d'escalier comme une botte de paille et se retrouva à demi assommé sur le palier du premier. Ses dernières grenades s'étaient éparpillées dans sa chute. Il ramassa les deux seules à sa portée. Il en balança une au fond du couloir au milieu d'un groupe qui sortait en hurlant toutes sortes de cris et d'ordres. Il garda la dernière pour le hall d'entrée où déjà s'engouffraient les sentinelles de la porte. Ils furent tués net. Père sauta par-dessus leurs corps et se retrouva tout surpris dans la rue. Un ou deux passants pétrifiés le virent courir à toutes jambes vers une grosse moto qui l'attendait cinquante mètres plus loin, moteur en marche. Bientôt, leurs regards se tournèrent vers une fenêtre de la kommandantur d'où s'échappait une épaisse fumée noire. Ils foncèrent. Père disparut dans la nature. Des sirènes et des klaxons retentissaient déjà.

Après son arrestation, Père ne fut autorisé à écrire qu'une seule lettre tous les quinze jours. Mère était enfermée à la prison de Béthune. Il écrivit surtout à son frère et à son oncle. Le contenu des lettres était radicalement différent, excepté pour la demande de nourriture, tout ce qui pouvait se conserver un certain temps. Père avait toujours faim. Un solide gaillard comme lui, blessé, devait récupérer après les longues séances de torture. Il avouait seulement avec pudeur qu'il flottait dans ses vêtements, chacun comprenait mais se taisait : du pain, des pommes de terre cuites, du chocolat, des biscuits, du tabac. Il fallait porter ces colis à la prison, rester pendant la vérification du contenu, espérer que tout ne serait pas pillé, distribué, détruit. Une partie de ses lettres contenait ses remerciements à chacun. Une autre donnait le bonjour à tous les membres de la famille. Une autre encore concernait maman, mais la plus poignante nous concernait tous les trois : ses deux blondinets et sa préférée Louisette. Malgré les exhortations au courage qu'il donnait à tout le monde, il n'était pas douteux qu'à chaque fois qu'il parlait de nous sa gorge se serrait et qu'il devait craquer en silence, Louis, son frère devenait le tuteur de nous trois. De mars à juillet 42, sept lettres en tout, soigneusement classées retracent le calvaire qu'il subit, il exhortait maman au courage et y tenait au courant Louis, son frère, de l'avancement de son procès.

Ces terribles lettres, écrites au crayon étaient de plus en plus difficiles à déchiffrer, d'autant que le sang de sa paume venait brouiller le texte. Réunies après 45 et la mort de Père, elles furent gardées avec le plus grand soin. La première à pouvoir les lire fut Louisette. Plus tard, elle les fit photocopier en deux exemplaires, pour moi et mon petit frère, qui à l'époque ne savait pas encore bien lire. Plus tard encore, elle les fit relier et publier sous la forme d'un petit livret d'une cinquantaine de pages avec quelques photos.

C'est ce petit livret que je joins ici dans mon récit pour qu'il justifie le titre.

J'ai pu constater que la majorité des familles qui ont perdu un être cher ont quasiment toutes eu le même projet. De nombreux livres également ont recueilli les souvenirs douloureux de ces martyrs.

Encore actuellement, il m'arrive de lire ou relire des pages de deux ouvrages formidables que je vénère, sans aucun emprunt et que je me permets de citer sur l'histoire de la Résistance dans le Nord-Pas-de-Calais : puissent-ils être dans toutes les bibliothèques personnelles des gens du Nord. Il s'agit de :

Ami, entends-tu ? de Jacques Estager.

La résistance populaire dans le Nord-Pas-de-Calais.
Messidor Editions sociales 285 p.

Le Nord-Pas-de-Calais dans la main allemande 1940–1944.
La Voix Editions.

Etienne Dejonghe, Yves le Maner

Préface de J. Pierre Azéma.
Je vais faire le nécessaire pour qu'apparaisse dans la liste des martyrs Albert Vermaelen, figure authentique de la Résistance.

Je suis obligé de présenter humblement mes excuses pour tous ceux que je ne peux pas citer.

Le sort des premiers résistants pris les armes à la main ne faisait aucun doute et ne traînait pas. Les plus chanceux, après un interrogatoire violent et expéditif, étaient alignés contre un mur quasi sur le champ, sans procès, et fusillés. Ils n'étaient ni des soldats ni des civils, donc des brigands.

Les plus malchanceux étaient conduits en prison. Torturés, ils luttaient jusqu'au plus extrême de leurs forces avant de rejoindre par vagues successives leurs compagnons d'infortune dans les fossés de la Citadelle d'Arras. Certains parents, parfois, purent récupérer les affaires personnelles de leur fils condamné. C'est ainsi qu'une chemise inondée de sang d'un patriote torturé, mais qui ne faiblit jamais, servit à jeter dans la Résistance et à galvaniser tous les membres de la famille unis par le même serment de vengeance. Combien de maisons de corons se retrouvèrent-elles du jour au lendemain vidées de leurs occupants et vouées désormais au pillage et au saccage ? J'appris que tous les draps de notre maison avaient été volés !!

Quand je voulus en parler avec maman, une nouvelle catastrophe m'attendait. Les pompiers m'avaient appelé en urgence pour décider d'une conduite à tenir concernant l'état de santé de ma mère. Que s'était-il passé ?

Suite à une vilaine chute sur un coin de tabouret, Mère dut subir une série d'examens (scanner, échographie, IRM). Les médecins découvrirent sous un énorme hématome du pancréas un gros cancer. Ils déconseillèrent vivement toute opération à cause des risques d'anesthésie. Mes visites se multiplièrent jusqu'à rester auprès d'elle constamment et je pus constater une dégradation accélérée de son état malgré les soins attentifs du personnel hospitalier. Son teint cireux, son refus de s'alimenter, son absence du moindre geste conduisirent le médecin à me voir personnellement. Je compris qu'il avait de mauvaises nouvelles à m'annoncer : un cancer du pancréas au stade ultime. Huit jours plus tard, sur son lit d'hôpital, elle me prit la main sur sa couverture avec des doigts glacés et me dit : « Ecoute ». Jamais je n'aurais pu imaginer ce qu'elle allait faire ou dire. Elle me récita en entier sans aucune faute, d'une voix à peine audible, la fable de La Fontaine *Le Laboureur et ses enfants.* Elle était épuisée mais ravie d'avoir réussi son défi. Je vis encore un très léger sourire sur son visage, mais un soubresaut de sa main m'avertit de quelque chose. Fasciné, je regardais son visage mais elle ferma les yeux et s'immobilisa : c'était presque fini mais dans une ultime respiration elle ajouta : « Ecris le même livre sur moi, je l'ai bien mérité ».

— Promis, Maman.

Je vieillis de dix ans d'un seul coup. Mais après une vie professionnelle accaparante et exténuante, je dus me résoudre à trouver de quoi meubler ma retraite. Il y eut des projets futiles, d'autres dérisoires. Je voulais être l'incarnation de l'irrévérence dans tous les domaines. Puis me vint l'idée d'écrire plusieurs anthologies différentes. Pendant un certain temps on m'affubla de l'appellation de Père Nobel. Excusez du peu pour ma prétention et ma suffisance. On s'est suffisamment moqué de moi. Parce qu'on n'avait pas compris que pour me faire la main, j'écrivais des pastiches et des choses bizarroïdes.

Il y avait avant tout une chose qui me tenaillait avec force et que je n'arrivais pas à atténuer : lutter contre toutes les formes de violence, dans tous les domaines et même en remontant le cours de l'Histoire pour que je puisse donner mon avis ou mon appréciation sur ce qui était maintenant figé et irrémédiable. J'avais présumé de l'immensité de la tâche qui m'attendait, présumé aussi de mes forces et de mon âge, et enfin de l'accueil de mes futurs lecteurs. De quoi se mêlait-il celui-là ? Ses jugements et ses appréciations ne concernaient que lui et quelle prétention avait-il à vouloir déranger le confort intellectuel des gens. Je voulais seulement passer pour un homme de dialogue et non pour un homme de conflits. Peine perdue dès le point de départ.

D'abord, depuis le décès de ma mère en 2008, j'essayais de trouver et d'organiser le contenu du livre que j'avais promis de lui consacrer. Mais comme d'habitude : sur le vide papier que la blancheur défend, impossible de démarrer et pourtant, j'avais plein de projets et de matière en tête, mais j'avais peur de piller le livret consacré à Papa, en redisant, en plus mal la même chose que pour lui. J'étais persuadé que l'inspiration viendrait plus tard et lâchement je me mis à autre chose.

Pour commencer, j'avais lancé l'idée d'un concours de slogans, revendicatifs, ravageurs et participatifs en recueillant presque tout ce qui avait illustré les banderoles des manifestants. Je ne m'attendais pas à un tel succès ; aussi la création d'un jury s'avéra-t-elle indispensable pour répertorier les envois et les classer. Tous les domaines étaient concernés : politique surtout, économique, vie quotidienne, santé, éducation, loisirs, les perles écrites ou orales que les journalistes avaient déjà exploitées avec succès et délectation, etc.

Le jeu consistait à retrouver de quel événement il provenait ou de quelle manifestation en évitant les procès diffamatoires des mal embouchés. Les trois premiers reçus immédiatement me firent un plaisir immense, car j'avais touché là des cordes sensibles. J'en cite quelques-uns avant leur classement.

« Il faut prendre l'argent là où il est, chez les pauvres, ils en ont peu mais ils sont nombreux. »

« Il y a une espèce de honte d'être heureux à la vue de certaines misères ». « La vie, c'est un peu de chimie avec du mouvement ». Comment endurer qu'un patron puisse gagner plus de 35 000 euros par jour, alors qu'une mère de famille soit contrainte dès le quinze du mois de donner aux enfants pâtes – riz, riz – pâtes en remerciant la cantine scolaire de leur faire bénéficier à midi du seul repas de la journée.

Merci les philosophes, continuez, je prends. Mais les citations littéraires l'emportaient et de loin sur toutes les autres. (Chaque lauréat sera récompensé par l'attribution d'un exemplaire gratuit de ce recueil). Exemples :

« Le venin des aspics est moins à craindre. »

« Ce qui n'est pas à l'amour est autant de perdu. »

« Je demeurai longtemps errant dans Césarée. »

« Dans l'orient désert quel devint mon ennui. »

« C'était pendant l'horreur d'une profonde nuit. »

« Longtemps je me suis couché de bonne heure. »

« Je vous verrais tout nu du haut jusques en bas, que toute votre peau ne me tenterait pas. »

« La pendule d'argent, qui dit oui, qui dit non, qui dit je vous attends ... »

« Faire une perle d'une larme. »

« On n'est pas sérieux quand on a dix-sept ans. »

« La liberté est encore plus belle que l'amour. »

« Ai-je passé le temps d'aimer ?

Et puis voici mon cœur qui ne bat que pour vous. »

« La courbe de tes yeux fait le tour de mon cœur. »

« Je plains le temps de ma jeunesse. »

« Et rose elle a vécu ce que vivent les Roses l'espace d'un matin. »

« Que tout dise : ils ont aimé. »

« J'ai plus de souvenirs que si j'avais mille ans. »

« Et souviens-toi que je t'attends. »

« Je ne trouve ma paix que dans ma solitude. »

« J'aurai vécu sans soins et mourrai sans remords. »

« Laissez-moi m'endormir du sommeil de la terre. »

« Là, tout n'est qu'ordre et beauté, luxe, calme et volupté. »

« Et les Muses de moi, comme étranges, s'enfuient. »

« Je chante pour passer le temps. »

« Je penserai à toi dans mes autres prières. »

« Mais où sont les neiges d'antan ? »

« Heureux qui, comme Ulysse a fait un long voyage. »

« Je suis le Ténébreux, le Veuf, l'Inconsolé. »

« Le seul bien qui me reste au monde

Est d'avoir quelquefois pleuré. »

« Le monde attend le Règlement de Comptes. »

« Je meurs sans haine en moi pour le peuple allemand. »

**La poésie, c'est ce que vous en faites
et que vous y ajoutez.**

L'autre forme de participation peut donc aussi consister à extraire de son poème favori le vers inoubliable qu'on ressasse constamment, comme celui-ci par exemple :

Plus léger qu'un bouchon j'ai dansé sur les flots

Mais, ô mon cœur, entends le chant des matelots. Qu'il faudra compléter sous forme de **quatrain** rimé et retenir par cœur. Voyez, je vous aide en vous fournissant quelques rimes en vrac : matelot, ilot, sanglot, repos, clos, palot, falot, etc. Maintenant à vous de jouer. La littérature est inépuisable.

Quant aux chansons, je n'arrive plus à citer les octosyllabes ou les décasyllabes que je veux faire alterner, un gai, un triste, suivis par les initiales de l'auteur pour qu'on puisse l'identifier.

« Il m'a vue nue - Mist. »

« Potemkine - J. F. »

« Le plat pays - J. B. »

« Merde à Vauban - L.F. »

« Toujours ne rime plus avec amour. »

« Ils étaient vingt et trois quand les fusils fleurirent – L.A. »

« La mort n'éblouit pas les yeux des Partisans. »

« Vous apprendrez un jour mes fils, vous apprendrez pourquoi nous reposons sous terre. »

« Ils voulaient simplement ne plus vivre à genoux. »

« Quand tu chantes, je chante avec toi Liberté. »

« Je comprends qu'on meure pour te défendre. »

Inconsciemment, j'en reviens toujours à mes traumatismes d'orphelin.

J'arrête là car il me faudrait reprendre tous les titres de Georges Brassens, Léo Ferré, Jacques Brel, Jean Ferrat ... Vous avez maintenant une petite idée de mon âge !!

Quant aux slogans, la rime avec « des sous » en a produit des tonnes :

« Pompidou des sous, Macron des ronds. »

« Il est interdit d'interdire. »

« L'ordre, le contre ordre, le désordre. »

Je préfère revenir à des considérations plus sereines et plus gaies. Depuis le Big Bang, il y a quatorze milliards d'années, si l'univers est en expansion, alors le signal lumineux qui a mis treize milliards d'années à parvenir jusqu'à nous, recule encore. Incapables de concevoir ce que représente quatorze milliards d'années, nous ne ferons pas comme le Pape qui aurait dit aux savants : « Je vous accorde et vous laisse les quatorze milliards d'années depuis le Big Bang, laissez-moi, accordez au Créateur juste la seconde qui a précédé le Big Bang !! ». Que s'est-il passé entre les quatorze milliards et le début des 4,5 milliards de la création de la Terre ? L'agglomération des astéroïdes, de météorites, de fragments, de trous noirs issus d'explosions d'étoiles ou de super nova est bien vulgarisée par des savants comme Y. Coppens (pour n'en citer qu'un). L'accumulation des combinaisons de particules élémentaires, oxygène, hydrogène, gaz de toutes sortes a fini par créer des cellules élémentaires formées d'acides aminés conduisant à la naissance de la vie. Un autre savant a écrit : « La vie, c'est un peu de chimie avec du mouvement ». Il suffit de remonter de 800 millions d'années en arrière pour assister à cette naissance de la vie. L'espèce humaine n'existait pas encore.

Voltaire s'est payé par une épigramme définitive la tête et la bêtise du quidam qui avait prétendu :

« L'homme descend du singe. Vous, vous y remontez » répondit-il.

Autre sujet passionnant. L'origine de la vie, l'origine de l'espèce humaine. L'homme, ce mammifère a connu, selon Darwin., une multitude de mutations. Il y a 800 millions d'années elle n'existait pas. Puisqu'elle a été créée, elle mourra comme toutes les espèces. Mais de quoi ?

De la folie des guerres, nucléaires ou bactériologiques, de la folie des hommes, de pandémies inconnues ou inguérissables, de la fin du pouvoir pollinisateur des insectes, cinq ans sans abeilles et l'homme disparaît, de la fin du pouvoir reproducteur de l'espèce humaine, de la pollution atmosphérique. Des savants ont prédit que dans un milliard d'années, l'oxygène aura disparu de l'atmosphère de la Terre, ainsi que tous les humains. Il y a de quoi déprimer.

Mais, si on quitte l'étude de l'âge de la vie pour se tourner sur l'histoire humaine, le bilan est tout aussi catastrophique. Lucie, elle, au moins dans sa vallée de l'Omo était inoffensive.

Mais quand je vois que des civilisations entières ont disparu sur tous les continents (Aztèque, Inca, Mésopotamie, Egypte), on ne s'étonne plus ni de la disparition des Templiers, ni du massacre de la Saint Barthélémy, des Ouighours Chinois, ni des Musulmans entre eux.

Mais ce qui me fait le plus enrager, c'est qu'aux gamines de dix ans, on voudrait leur faire croire, (encore au XXIème siècle) à l'Immaculée Conception ou à la Résurrection du Christ. Je veux bien qu'on essaye de vaincre la mort ou qu'on tente de trouver une autre planète bleue, mais concevoir un voyage de 700 années dérangera bien des cervelles alors qu'il est plus facile de se réfugier sous la puissance et l'égide de l'imagination même en calculant en années – lumière.

Bref, il me reste bien des choses à redire, mais comme j'ai conscience d'avoir soulagé une partie de ma bile, je vais terminer ce livre en vous racontant comment je suis mort. Ne riez pas, je ne suis pas devenu fou, lisez jusqu'au bout, c'est plus gai.

Au lieu de me consacrer au livre promis à ma mère, pour occuper mon temps, j'entrepris une longue recherche sur les télomères. Qu'est-ce à dire ? Je voulais résoudre l'énigme de mon fidèle docteur qui m'avait prédit un curieux diagnostic : « Mon cher ami, vous avez le syndrome de longévité ». Dans l'impossibilité d'obtenir de plus amples explications, je me dis que j'allais faire les recherches tout seul. Comme je n'avais pas les compétences ni les moyens adéquats, je devais faire appel à des gens plus qualifiés. Mon cher docteur était secrètement intéressé mais ne voulait pas le montrer.

Les télomères sont des groupes de cellules qui protègent l'extrémité de celles-ci. Mais ils raccourcissent à chaque division. Quand le télomère devient trop court, il ne joue plus son rôle protecteur et serait une cause possible de sénescence. Les télomères agissent comme une horloge biologique régissant la durée de vie des cellules.

Je me lançais donc dans une longue aventure sur les télomères, presque toujours infructueuse auprès des établissements hospitaliers (CHR, CHU, laboratoires divers), privés bien entendu et très, très, chers. L'objectif avec les télomères consiste à calculer par le raccourcissement de leur temps de renouvellement jusqu'à la mort des cellules **le temps qu'il nous reste à vivre**. Prédiction ô combien dangereuse pour les gens fragiles ou angoissés à l'idée de connaître approximativement la date de leur mort.

Il ne faut pas perdre patience en attendant la communication des résultats. Un an plus tard, alors que je vieillissais tranquillement, je reçus une lettre recommandée avec A.C. du laboratoire : « Nous sommes désolés mais vous allez mourir aujourd'hui ». Je partis d'un immense fou rire. Comment répondre à ces pseudo-scientifiques ? Si je suis mort, je ne peux pas répondre à leur lettre recommandée. Si je suis toujours vivant, c'est que leurs calculs sont faux. Moi qui avais demandé aux enfants de faire graver par le marbrier sur ma future stèle cette citation définitive, au choix :

« Il est parti beaucoup trop tôt. »

« Il est parti beaucoup trop tard. »

Je me réjouissais d'avance de la tête qu'allaient faire ceux qui, connaissant mon caractère peu sérieux, diraient : ça, c'est tout lui.

Excepté pour mon cas quasi unique, peut-être que les scientifiques ne voulaient pas alerter le tout un chacun en prétendant savoir quand vous mourrez. Quelle panique déclencheraient-ils ?

La dépression pour les pessimistes jusqu'à un éventuel suicide, brûler la vie par les deux bouts pour les optimistes ; jouir avec fureur et désespoir de vivre, guérir d'espérer et de croire, le zen ou la sérénité pour les sages.

Moi, j'avais trouvé ma solution et ma réponse à la lettre recommandée ! « Messieurs, le syndrome de longévité dont j'étais sensé être atteint n'a plus aucune importance. Je suis mort depuis le 25 juillet 1942 et j'attends de rejoindre mon héros de PÈRE.

Dernières Lettres d'un fusillé

Citadelle d'ARRAS

Le 27 juillet 1942

Écrire pour se souvenir

Arras, le 8 mai 1942

Chers frère et sœur,

Reçu deux lettres aujourd'hui, l'une de Raymonde et l'autre de ma filleule Georgette ; maintenant, je sais qui m'a apporté les colis. J'ai reçu le premier colis le mardi 19 mai et le second le jeudi 4 juin.

Je pense que Paule a son colis toutes les semaines ; je pense qu'elle a bon moral. Pauvre petite ! Inutile de vous dire de la réconforter physiquement et moralement : elle sera récompensée et respectée plus tard.

Louisette et Jean doivent aller à l'école ; ils doivent bien s'amuser tous les trois, mes trois insouciants. Donne leur une bonne bise pour moi.

Les colis, en principe, sont acceptés par lettre alphabétique : ma lettre V, c'est la deuxième et quatrième semaine du mois ; de préférence, les colis doivent arriver le lundi ou mardi, mais arrangez-vous pour m'envoyer un colis par semaine ; ça passe quand même, parce qu'un colis toutes les deux semaines, c'est trop long ; la deuxième, on n'a plus rien, et j'attrape des tiraillements d'estomac formidables ; inutile de vous dire que je flotte dans mes habits.

Ne mettez plus de linge dans les colis, maintenant, j'en ai assez. Je laverai le linge moi-même et je mettrai le linge dont je n'ai pas besoin dans les colis vides en retour.

Voici ce que j'ai reçu dans le deuxième colis : une livre de beurre, deux pains, une plaque de chocolat, du lard, du saindoux, du savon, du papier, des enveloppes et des timbres, des pommes de terre, des œufs, du sucre, du tabac, des cigarettes, du papier, des allumettes et des biscuits, une chemise, un tricot, une paire de chaussettes, des serviettes et des mouchoirs.

Ne dites rien à Paule que je suis arrêté, car elle se ferait de la peine, à moins qu'elle ne l'apprenne par les interrogatoires.

Chers frère et sœur, je vous donne de l'embarras pour Paule et moi, mais vous ne regretterez pas, car ce que vous faites, ça ne pourra pas s'oublier. Dites à ma tante Yvonne que je la remercie, et de la lettre de Georgette Vermaelen, dites leur que je ne peux pas écrire, car je n'ai pas le droit d'écrire.

Alors, entendu, un colis moyen par semaine, ou un gros de 7 à 8 kgs toutes les deux semaines. Ne mettez pas trop de denrées périssables, ou alors bien salées ; mettez beaucoup de pain et des pommes de terre bien fermes, bien salées et cuites à l'eau ; le reste, ce que vous pourrez. Il n'y aura jamais trop, 7 à 8 kgs.

Restez en relation tous ensemble pour que mes colis arrivent régulièrement, de préférence un colis par semaine, ça passe quand même.

Je vous quitte en vous embrassant bien fort, une bonne bise aux enfants.

Vermaelen Albert

Prison Saint Nicaise – Chambre 33

Arras

KONINKRIJK BELGIË

STAD ANTWERPEN

5e DISTRICT

N° ....
Kosten
Zegel : F 30,-
Aflevering : F 20,-
Totaal : F 50,-

Uittreksel uit het register der akten van .....geboorte.............
Jaar ....1885.... *Nr* ..10..

Op veertien maart duizend achthonderd vijfentachtig, is te Zandvliet, thans Antwerpen vijfde district, geboren: Ludovicus, zoon van Josephus V e r m a e l e n, en van Philomina De Dooy. ------------------------------------

Voor eensluidend uittreksel :

Antwerpen, 5e DISTRICT, 9 november 1961
De Ambtenaar van de burgerlijke stand

Acte de Naissance du Grand-père d'Albert

Arras, le 12 mai 1942

Bien le bonjour à tout le monde, Marie, Camille et les enfants, à l'oncle Bacon, tante Germaine et les enfants, et faites le bonjour chez mon oncle Georges et merci pour le colis. Dites à ceux qui envoient des colis de mettre 7 à 8 kgs de vivres sans linge, j'ai faim, très faim. Dans le colis de tante Yvonne, je ne comptais que 4 kgs, ce n'est pas assez : le plus de pain possible et beaucoup de pommes de terre ; le reste, ce que vous pourrez.

Je pense que vous avez déjà vu Paule. Moi, je ne suis plus en cellule ; je suis en compagnie maintenant dans une chambre.

Bonjour à tout le monde.

Vermaelen Albert

Prison St Nicaise

Chambre 33

Arras

Je compte sur un gros colis pour le mardi 16 juin.

Dernières lettres d'un fusillé

Dép rtement
du PAS-DE-CALAIS
_____

Arrondissement
d'ARRAS
_____

Commune
d'AUXI-LE-CHATEAU

EXTRAIT D'ACTE DE MARIAGE

En notre commune (désignée ci-contre)

Le dix Huit Avril _____mil neuf cent trente six _____

A été célébré le mariage entre :

(1) Albert Eugène Georges VERHAELE , manœuvrier _____

né à Grand-Quévilly (Seine Inférieure) _____

le dix Décembre _____mil neuf cent quatorze _____

fils de : Louis Verhaelen _____

et de : Eugénie Mélanie Verboren, son épouse, décédée d' une part.

(2) _____

et (1) Paule Marie Charline LANGUE, ouvrière d' usine _____

née à : AUXI-le-CHATEAU _____

le: huit Mai _____mil neuf cent dix huit _____

fille de : Camille Marie Victor Langue _____

et de : Hermma Marie Eugénie Sombret, son épouse, d' autre part._____

(3) _____

Contrat : NEANT./.

Mention marginale : NEANT./.

Pour extrait conforme

Le treize Novembre _____

mil neuf cent soixante et un _____

signature
Le Maire,

(1) Nom, Prénoms et Profession
(2) Veuf ou divorcé de..
(3) Veuve ou divorcée de ..
(4) timbre de taxe communale (s'il y a lieu)

Acte de Mariage d'Albert et de Paule

Arras, 15 juin 1942

Chers frère et sœur,

Je profite que j'ai l'occasion d'écrire, car les lettres sont limitées, pour vous envoyer de mes nouvelles. J'ai reçu deux lettres d'Auxi, une de Raymonde et une de ma filleule Georgette Vermaelen et un colis de mon oncle Georges.

Ici, je suis en bonne santé, sauf que le temps semble long. Je pourrai faire de la course à pieds après guerre, car je prends de la ligne.

Je sais que c'est difficile de faire des colis, vous ne trouvez pas ce que vous voulez, je le sais bien ; mettez le plus possible de pain et de pommes de terre cuites à l'eau, bien salées et bien fermes ; le reste ce que vous pourrez. Faites des colis de 7 à 8 kgs avec une liste de ce qu'il y a dans le colis.

Je compte recevoir un colis mardi 16 juin. Apportez-les le lundi, d'après le règlement, un colis toutes les deux semaines.
Ne mettez plus de linge.

Faites le bonjour chez Georges Langue et chez Lucien Richard. Ecrivez-moi une lettre par quinzaine, dites-moi des nouvelles de Paule et des enfants.

Ne dites rien à Paule au sujet de mon arrestation, elle se ferait de la peine, à moins qu'elle le sache par les interrogatoires.

Faites le bonjour chez mon oncle Georges, ou portez lui la lettre, ça fera comme si je lui avais écrit. Bonjour à tout le monde dans le quartier.

Restez tous en relation pour que mes colis arrivent régulièrement, car sans colis, c'est très dur.

Alors Louis, je pense que tu continues à travailler paisiblement à tes champs, tâche de trouver de la farine pour faire du pain, car celui-là, il se conserve ; ne t'inquiète pas pour l'argent ?...on se reverra, je pense.

Je termine en vous embrassant tous ainsi que les enfants. Je voudrais bien les voir par un trou ; je pense bien qu'ils auront une belle jeunesse, meilleure que leurs parents. Enfin bref...

Vermaelen Albert

Prison St Nicaise

Chambre 33

Arras

Tachez d'attraper les jeunes pour qu'ils me passent du tabac, car il n'y en a jamais trop, les journées sont longues.
Merci à l'avance.

Arras, 30 juin

Chers Parents,

Enfin je puis vous écrire. Excusez-moi, car je n'ai que le droit à une lettre par quinzaine : cette fois, c'est votre tour enfin. Pour vous, en principe, c'est pareil.

J'ai reçu une lettre de Lulu le 26 juin : elle m'a bien réconforté.

J'espère que Paule a son colis par semaine et que vous la voyez presque toutes les semaines aussi ; je crois qu'elle a un bon moral, qu'elle doit être en compagnie et que le temps ne lui semble pas trop long. Je pense que je dois beaucoup vous ennuyer avec tout cela, entretenir les enfants et faire des colis, mais, chers parents, rassurez-vous, car cela ne sera jamais oublié par moi.

Maman sera heureuse plus tard entre nous et les enfants. Je pense que Louisette et Jean vont à l'école et que Pierre doit bien faire le polisson. J'espère qu'ils sont bien distraits et qu'ils ne pensent pas trop à leur papa et maman.

Bien le bonjour au frère Louis et Raymonde : je vois Louisette bien gâtée entre eux.

Jean est avec Pierre et Pierrette : sans doute, il doit être à son affaire avec son oncle Pierre. Et petit Pierre, c'est toujours le bijou à Pépère et Mémère.

Je me plais à les imaginer tous gâtés entre vous.

J'arrête de parler d'eux, car la gorge me serre. Dites bonjour chez mon oncle Georges à tous dans la maison. J'espère que les petites animosités cessent entre vous, cela vaut mieux, car le cœur parle encore.

Dites à ma tante qu'elle n'oublie pas lames et savon à barbe, timbres, papier et enveloppes ; dites aussi à Jules s'il peut me mettre du saucisson dans mon colis : ça se conserve pour la deuxième semaine, <u>s'il peut</u> bien entendu, car ici ça tiraille.

Bien le bonjour à ma tante Germaine et l'oncle Bacon, et merci à Lulu.

Ne parlez pas à Paule de mon arrestation, à moins qu'elle ne le sache ; elle se ferait du chagrin, c'est compréhensible. Chers Parents, je vous quitte en vous embrassant ainsi que les enfants.

Vermaelen Albert

Prison St Nicaise

Chambre 25

Arras

Dites à ma tante que mon numéro de chambre a changé.

Arras, 12 juillet 1942

Ma bien chère femme et chers enfants,

Du jour au lendemain, j'attends de passer par les armes.

Alors je t'écris, car ce sera peut-être ma dernière lettre. Ma chère, c'est terrible quand même de se quitter ainsi, mais il faut se résigner, car les circonstances de la guerre l'ont voulu.

Tu te rappelles le travail que nous avions fait à Loison : il ne faut pas le regretter, car nous avons travaillé dans l'intérêt de la France et dans celui de notre famille.

Ma chère, après les événements, réclame tes droits qui te sont dus, car tu as consenti d'immenses sacrifices.

Ici, j'ai eu des nouvelles de toi, tu avais tes colis toutes les semaines et les visites, ça me console. Tu te rappelles de nos camarades qui venaient chez nous : je suis avec eux et ils sont condamnés comme ton mari. Tu verrais le moral que nous avons, j'ose dire le mépris de la mort, car nous sommes sûrs de la victoire finale : nous tombons en soldats, c'est tout.

Ma chère Paule, ta vie est brisée, mais c'est momentané. Suivant tes sentiments, refais ta vie, car tu mérites d'être heureuse et surtout, fais attention à l'éducation de mes enfants et aussi pas de préjugés dans la tête.

comme ton mari, tu verrais le
morale que nous avons, j'ose dire
le mépris de la mort, car nous
sommes sûrs de la victoire finale.
nous tombons en soldats c'est tout.
Ma chère Paule ta vie est brisé
mais c'est momentané, suivant tes
sentiments refais ta vie, car tu
mérite d'être heureuse, et surtout
fais attention à l'éducation de
mes enfants, et aussi pas de
préjugés dans la tête!
Comme tu le vois, ma main ne
tremble pas, je sais que un peu toi
mais ce qu'il me console, c'est
que je meurs pour l'avenir de
nos enfants, pour une vie belle
et heureuse, qui vaudras la peine
d'être vécu
Chère femme et enfants je
vous quitte en vous disant

adieu

Sois fière de ton mari, et soyez
fiers de votre Père. Albert

Lettre du 12 juillet 1942

43

Arras, 13 juillet 1942

Chers frère et sœur,

Je prends l'avance pour vous écrire puisque je suis condamné à mort par le tribunal militaire allemand.

Alors d'un moment à l'autre, je m'attends à ce qu'ils viennent me chercher pour passer devant le peloton d'exécution.

Comme tu le vois, ma main ne tremble pas, car j'attends l'instant final avec confiance, car je suis sûr de la victoire.

D'ailleurs, comme tous mes camarades dans mon cas, nous tombons en soldats d'avant-garde, c'est tout, pour la grande cause internationale et que vous qui restez, vous saurez tenir l'emblème bien haut.

Nous, nous n'en profiterons pas, mais nos enfants en jouirons : nous aurons une nouvelle génération, libre, forte et joyeuse et par-dessus tout, l'indépendance de la France.

Vous direz à Paule ou vous lui ferez voir la lettre, c'est naturel ; tous les camarades qui venaient à Loison chez nous sont tous comme moi : je passe mes derniers moments avec eux. Nous avons été condamnés tous le même jour, et probablement que nous passerons devant le peloton ensemble aussi : nous avons été condamnés dans le même procès. Pour la région où j'étais, nous étions 27 hommes et sur ce nombre 21sont pour la peine capitale.

Quelle horreur quand même, mais nous nous tenons le Moral bien haut.

Paule a su que j'étais arrêté quand elle était en prison, probablement qu'elle a été à moitié prévenue sur mon sort : donc à sa libération, elle ne sera pas trop saisie de cette horrible nouvelle.

Cher frère, je compte sur toi pour veiller sur Paule qui certainement va avoir une forte secousse, mais je pense qu'elle sera forte moralement pour surmonter cette secousse. En ta qualité de frère, tu seras constamment à ses côtés pour la remonter à tout point de vue.

Mais je compte sur son moral, car elle a compris la cause.

Malgré tout, frère, fais le devoir que je te commande d'accomplir avec cœur ; d'ailleurs, je ne me fais aucun doute sur ton grand cœur et tu seras à la hauteur de ta tâche de tuteur.

Chers frère et sœur, quelle coïncidence quand même : vous qui désiriez un enfant, vous voilà comblés avec ma chère petite Louisette. Comme elle doit être grande depuis le mois d'avril que je ne l'ai plus vue.

Chers frère et sœur, suivant vos accords avec ma chère femme Paule, ça dépend ce que Paule décidera en sa qualité de Mère. Quant à moi, je vous la confie jusqu'à sa majorité, mais une de mes volontés qui me tient le plus au cœur, et j'espère bien que Louis ainsi que Paule en tiendront compte, c'est de faire faire une bonne éducation laïque pour mes trois enfants, et sans aucune religion, du moins pratique, et sans préjugé aucun, car s'il y avait un dieu, ce dieu arrêterait les bras de mes assassins, ainsi que ceux de mes camarades.

Cher frère, en ta qualité de tuteur, veille avec un grand soin sur mes trois enfants : ils trouveront en toi un deuxième père.

Chers frère et sœur, encore une fois, veillez avec soin sur l'état moral de ma chère femme Paule à sa sortie de prison et suivant ses sentiments, aidez-la à se refaire une situation stable et agréable au milieu de mes enfants, car je veux qu'elle soit définitivement bien heureuse : elle le mérite après tant de sacrifices.

Chers frère et sœur, je termine en comptant sur vous de tout mon cœur.

Conservez mes lettres pour montrer à mes enfants plus tard : ils se rendront compte comment leur Père a disparu.

Chers frère et sœur, dites Adieu de ma part à toute la famille et choyez mes enfants

Je meurs pour que mes enfants aient une vie belle et joyeuse.

Adieu, femme, refais ta vie suivant tes sentiments et sois heureuse, car tu le mérites, femme, sois fière de ton mari, enfants, soyez fiers de votre Père.

Adieu

Dernières lettres d'un fusillé

GREFFE
du
TRIBUNAL CIVIL

PUPILLES DE LA NATION

NOTIFICATION

N°.......... du dossier

À la date du *vingt huit mars 1947.*
le Tribunal civil de 1re instance d *Elbeuf-sur-Ternoise*
a rendu le jugement dont voici le dispositif :

La Nation........ adopte........ les mineurs

1°) *Vermaelen Louisette Eugénie Marie.*
2°) *Vermaelen Jean Louis Camille et* 3°) *Verma-*
len Pierre Gilbert Paul, tous enfants de Vermaelen
Albert et de Langue Paule Marie Charline.

En exécution de l'article 6, § 2, de la loi du 27 juillet 1917,
modifiée par la loi du 27 octobre 1922, le Greffier du Tribunal notifie cette décision à M. le Président de la Section per-
manente de l'Office départemental des Pupilles de la Nation
à *Gruas, 8 rue Paul Doumer.*
et à M*me Veuve Vermaelen employée*
demeurant à *Gux i. le Château.*
représentant légal du pupille ci-dessus désigné.

LE GREFFIER EN CHEF DU TRIBUNAL,

AVIS IMPORTANT. — Sur la remise de la présente note et pour
le cas où vous voudriez interjeter appel du jugement notifié, le service
postal acceptera, en franchise, la lettre recommandée qu'aux termes
de l'article 6 de la loi du 27 juillet 1917 vous auriez à faire parvenir
à cet effet, dans le délai d'un mois, au Greffier en Chef de la Cour
d'Appel d

Notification des Pupilles de la Nation

pour les enfants d'Albert

47

Arras, 13 juillet 1942

Chère femme,

Tous nos camarades, sauf Charlie qui venait chez nous à Loison, ici je passe mes derniers jours avec eux : Jean Méri, Antoine Dérik, ils sont tous condamnés comme moi ; si tu pouvais te rendre compte le moral qui nous anime à quelques jours du néant.

Ma chère, rends visite à leurs femmes ; après la tourmente, vous serez toutes des sœurs.

Adieu, femme, je termine

Adieu chers enfants et

Tenez l'emblème bien haut en souvenir de

Tous les camarades

Chère femme Paule, après la tourmente, si tu désires faire ramener mes restes à Auxi ou ailleurs, je désire que tu m'enterres civilement, c'est ma volonté.

Je compte sur toi, femme.

Adieu

J'ai confié cette lettre au jeune Dubos qui vous la remettra.

6.

Chère femme tout nos camarades, sau' Charlie,
qui venez chez nous à Loison', ici.
Je passe mes derniers jours avec euse
Jean, Méri'. Antoine. Dérik. ils sont tous
condamné comme moi. si' pouvais te
rendre compte le moral qui nous
animent à qu'elques jours du néant.
Ella chère rends visite à leurs femmes
après la tourmente, vous serais tous
des sœurs.

Adieu femme je termines
Adieu chère enfants et
tenez l'emblème bien haut en
souvenir de tout les camarades.
Chère femme Paule après la tourmente
si tu désire faire ramené mes
restes à Aussi' ou ailleurs.
Je désire que tu m'enterre
cirèlement, ca est ma volonté.
Je compte sur toi femme.

Adieu,
j'ai confié cette au jeune Dubos. qui
vous remetteras

49

Arras, 15 juillet 1942

Chers frère et sœur et enfants,

Je viens d'être jugé par le tribunal militaire allemand : le verdict est grave, cher frère. Je tiens absolument que tu viennes me rendre visite le plus tôt possible et plusieurs membres de la famille, toi, Raymonde et ma tante Yvonne, venez aussitôt reçu ma lettre.

Ma tante Yvonne a fait deux voyages pour rien, c'est ennuyeux. Il y a eu décalage d'une semaine et en plus ma lettre V ne correspond pas avec mon tour, parce qu'on n'a droit qu'à deux colis par mois.

Je pense que les enfants continuent l'école, qu'ils s'amusent bien et sont en bonne santé.

Faites le bonjour chez mon oncle Georges et ma tante et que je les remercie beaucoup pour les colis.

Bonjour à toute la famille, surtout à Marie et Camille en particulier.

Je pense que vous avez reçu ma procuration pour toucher ma quinzaine et que vous l'avez envoyée à Georges. Venez encore avec un colis, il passera.

Chers frère et sœur, je vous quitte en vous embrassant bien fort ainsi que mes chers enfants. Bonjour à toute la famille. Je fais un côté de lettre pour ma femme Paule que vous lui enverrez.

Ne dites pas à Paule que ma condamnation est grave, elle se ferait beaucoup de peine.

Albert

Le Mur des Fusillés
dans les Fossés de la Citadelle d'Arras

F.T.P.F   P.C.F

ALBERT

VERMAELEN

10.DEC.1914   24.JVIL.1942

LOISON sovs LENS

OVVRIER D'VSINE

Arras, 15 juillet 1942

Ma chère femme,

Quelle bêtise que j'ai commise en partant de la maison ; j'ai été lâche puisque tu es partie à ma place : je croyais bien faire, mais il n'en est rien, hélas !

Enfin, ce qui me console, c'est que tu as ton colis toutes les semaines et des visites d'Auxi et de Loison, et que tu as bon moral ; je t'admire, ma chérie, car tu es courageuse.

J'ai reçu des lettres d'Auxi et de Loison, ça fait plaisir, et tes bonjours de Béthune, quel réconfort de te savoir si forte. Ici, je suis avec tous ceux que tu as connus à la maison, sauf mon oncle.

Bien chère femme, fais ta demande pour obtenir ta libération, étant mère de trois enfants.

Moi, je reçois deux colis par mois : c'est ma tante Yvonne qui me les fait. Son cœur est encore bon, puisque petit Pierre est souvent chez elle. Il paraît que les enfants ne se soucient pas beaucoup de nous : ils ont raison nos insouciants. Comme ils doivent être gâtés ; tu les trouveras bien changés quand tu seras libérée. Louisette doit se rengorger avec son parrain, tiot Pierre avec Mémère et Pépère et gros Jean avec son oncle Pierre.

Ma bien aimée que j'admire en silence, je te quitte en te souhaitant bon moral et t'embrasse bien fort.

Ton mari qui pense bien à toi, mais ces lettres sont très limitées.

Bons baisers.   Albert

Vermaelen Albert

Chambre 25

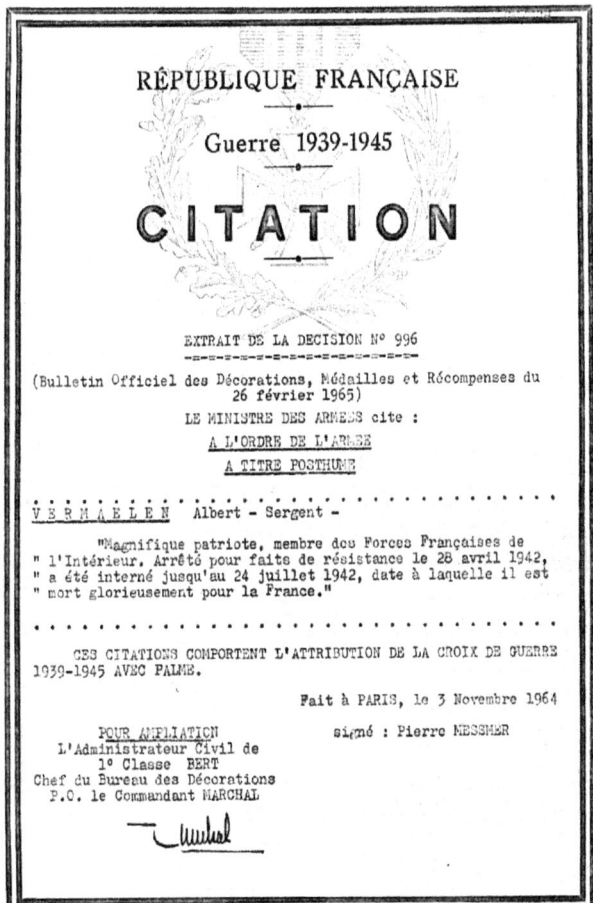

RÉPUBLIQUE FRANÇAISE

Guerre 1939-1945

C I T A T I O N

EXTRAIT DE LA DECISION N° 996

(Bulletin Officiel des Décorations, Médailles et Récompenses du
26 février 1965)

LE MINISTRE DES ARMEES cite :

A L'ORDRE DE L'ARMEE

A TITRE POSTHUME

V E R M A E L E N   Albert - Sergent -

"Magnifique patriote, membre des Forces Françaises de
" l'Intérieur. Arrêté pour faits de résistance le 28 avril 1942,
" a été interné jusqu'au 24 juillet 1942, date à laquelle il est
" mort glorieusement pour la France."

CES CITATIONS COMPORTENT L'ATTRIBUTION DE LA CROIX DE GUERRE
1939-1945 AVEC PALME.

Fait à PARIS, le 3 Novembre 1964

POUR AMPLIATION
L'Administrateur Civil de
1° Classe BERT
Chef du Bureau des Décorations
P.C. le Commandant MARCHAL

signé : Pierre MESSMER

Citation à l'Ordre de l'Armée à Titre Posthume

53

Arras, 24 juillet   17 H 00

Chers femme, enfants et toute la famille,

Cette lettre est la dernière que j'écris. Mon recours en grâce est rejeté.

Alors, voyez-vous, j'attends le moment suprême avec assez de courage. Dans quelques heures, ma vie aura cessé : ma destinée était là, c'est tout.

Chère femme, je t'ai fait faire d'immenses sacrifices pour toi-même et pour tes enfants, mais je pense que tu me pardonneras.

Chère Paule, après tous les sacrifices que tu as consentis, je veux que tu sois heureuse. Je sais que tu vas passer une terrible épreuve, mais sois courageuse et plus tard, suivant tes sentiments, refais-toi un foyer solide et heureux, mais surtout, fais en sorte que nos enfants soient heureux, bien éduqués et qu'ils aient une vie belle et joyeuse.

Chers femme et enfants, je vous quitte en vous souhaitant tout le bonheur possible.

Femme et chers enfants,

Adieu

Albert

A toute la famille de ma part, je dis Adieu.

Albert

Arras 24 juillet 1942 17h00

chers femme enfants et toute la famille

Cette lettre est la dernière que j'écris
mon recours en grace est rejeté alors voyez-vous
j'attends le moment suprème avec assez de
courage, dans qu'elques heures ma vie aura
cesser, ma destiné etait la c'est tout
Chère femme je t'ai fais faire d'immenses
sacrifices pour toi même et pour les enfants
mais je pense que tu me pardonneras
Chère Paule après tout les sacrifices que tu
as consenties je veux que tu sois heureuse
je sais que tu vas passé une térrible épreuve
mais sois courageuse, et plus tard suivant
tes sentiments refais toi un foyer solide et
heureux, mais surtout fais en sorte que nos
enfants sois heureux, bien éduqués, et qu'ils
aient une vie belle et joyeuse
Chére femme et enfants je vous quitte
en vous souhaitant tout le bonheur possible
Femme et chers enfants
Adieu
Albert

Dernière Lettre à toute la Famille

Chers frère et sœur,

Je vous recommande de bien veiller sur mes enfants. D'ailleurs, je n'ai nullement pas besoin de vous le rappeler, car je connais votre cœur, vous l'avez déjà prouvé.

Bientôt, Paule sera libérée, j'en suis sûr. Surtout, réconfortez-la bien moralement. Pauvre femme, elle ne mérite pas ça.

Chers frère et sœur, je compte sur vous. Je vous quitte en vous disant Adieu et profitez de la vie.

Albert

Dernières lettres d'un fusillé

Voix du NORD

AUXI-LE-CHATEAU

La croix de guerre avec palmes attribuée, à titre posthume, à M. Albert Vermaelen

Au B.O. des décorations nous relevons que le sergent F.F.I. Albert Vermaelen, vient d'être cité à l'ordre de l'Armée.

Voici le texte de la citation qui lui attribue, à titre posthume, la croix de guerre 1939-1945, avec palme :

« Magnifique patriote, membre des Forces Françaises de l'Intérieur, arrêté pour faits de résistance le 28 avril 1942, a été interné jusqu'au 24 juillet 1942, date à laquelle il est mort glorieusement pour la France ». Signé : Pierre Messmer.

Les insignes de cette haute distinction ont été remis par le chef Guérin, commandant la brigade locale de gendarmerie à sa veuve, née Paule Langue, demeurant rue des Catelets à Auxi, qui fut, également arrêtée par les troupes d'occupation et internée pendant un an, en cellule à Douai.

Cette récompense, certes tardive, honore également leurs trois enfants : Mme Abouly, née Louisette Vermaelen, assistante sociale, demeurant à Arras ; M. Jean Vermaelen, professeur au lycée de Condé-sur-Escaut, demeurant à Valenciennes et M. Pierre Vermaelen, employé au G.D.F., demeurant à Amiens.

M. Albert VERMAELEN
(Photo X)

La Croix de Guerre avec Palmes

à Albert VERMAELEN

AUXI - LE - CHATEAU

2H Mars 1971

La croix du Combattant volontaire 1939 - 1945 est attribuée à Mme Henri FOUBET

Nous relevons avec plaisir au B. O. que par décision du ministre chargé de la Défense Nationale, en date du 5-2-1971, le droit au port de la Croix du Combattant Volontaire 1939-1945 a été reconnu à Mme Henri Foubet, née Paule Langue, demeurant en la commune, rue des Catelets ; veuve en premières noces de M. Albert Vermaelen, fusillé par les Allemands le 24 juillet 1942 à la Citadelle d'Arras.

Entrée dans la Résistance en janvier 1941, dans le secteur de Loison-sous-Lens, elle fut arrêtée peu avant l'exécution de son premier mari, le 3 avril 1942 et dut subir une année de cellule à Douai.

Les activités de Mme Foubet furent reconnues ; d'une part, par un certificat émanant de la Commission Nationale de la Résistance lui conférant le grade de sergent. En 1963, la carte d'internée lui fut attribuée, puis la Croix du Combattant 1939-945 et la Croix du Combattant Volontaire de la Résistance. Cette dernière distinction, la Croix du Combattant Volontaire 1939-1945, vient donc à juste titre récompenser notre estimée et bien connue patriote auxiloise qui fut en outre localement, membre du Comité de Libération. Cette récompense, certes tardive, honore également ses cinq enfants.

Nos plus vives félicitations.

Mme Henri FOUBET.
(Photo « Nord-Matin »).

Croix du Combattant
pour
Paule
VERMAELEN
après sa détention.

58

3 ans   Louisette   6 ans

Pierre, Louisette et Jean

NOTES PERSONNELLES

Obsèques Nationales et Militaires d'Albert

Une petite phrase de rien du tout m'est restée en mémoire toute ma vie :

« Sois fière de ton mari, soyez fiers de votre père. »

Et son dernier mot : ADIEU.

A la fin de l'enterrement de mon père, il y avait, sous la pluie, des centaines et peut-être des milliers de personnes massées autour de sa tombe. Posé sur deux tréteaux, le cercueil allait être introduit par les fossoyeurs dans le caveau. Quand tout à coup, ma sœur s'échappa de la main de sa marraine, elle fit trois pas presque en courant jusqu'au pied du cercueil qu'elle se mit à caresser pour chasser les grosses gouttes d'eau sur le vernis. Puis, elle se pencha et embrassa à plusieurs reprises la place nettoyée. Personne ne lui avait dit quoi que ce soit, mais comme elle ne pouvait pas atteindre la plaque de cuivre de la tête du cercueil (bien entendu il n'y avait pas de Christ en croix) elle ne fit pas attention que ses longs cheveux blonds restaient collés et emprisonnés dans la pluie. Cela déclencha dans l'assistance une explosion de sanglots, surtout féminins, et tout le monde se moucha plus ou moins bruyamment. Soudain, une main adulte me poussa dans le dos pour que j'aille rejoindre et remplacer ma sœur. Je fis exactement la même chose qu'elle, mais les yeux remplis de larmes m'empêchèrent de voir autour de moi.

Quelque chose d'inouï s'imprima dans mes yeux et mes oreilles. Mon petit frère m'avait suivi, mais trop petit pour embrasser le couvercle du cercueil comme nous l'avions fait, il avait saisi de ses deux petites mains le bord en bois et tentait de se hisser à la force des poignets pour faire comme nous. Alors, ce fut un immense sanglot masculin et féminin qui secoua ces milliers de cœurs brisés. Quelqu'un attrapa mon petit frère sous les bras, le souleva jusqu'au dessus du couvercle, pour qu'il puisse, les deux mains appuyées dessus, embrasser le bois vernis. Emotion inoubliable gravée pour toujours dans toutes les têtes. Je n'avais jamais vu tant d'hommes pleurer ensemble.

Avant de quitter le cimetière, à la sortie, on nous fit tenir les quatre coins (avec un cousin) d'un immense drapeau tricolore qui se remplissait comme un entonnoir de billets de banque très grands et de kilos de pièces de monnaie qui formèrent un gros tas au fond du drapeau.

Malheureusement, un membre du parti communiste auxilois que je connaissais bien vint près de nous et en se penchant, ramassa presque tous les billets de banque pour les enfourner dans une saccoche, soit disant pour que le vent ne les envole pas. Etait-ce pour le parti ? Pour tous ceux qui avaient organisé et participé aux funérailles ? Je n'en ai jamais su le fin mot. En tout cas, notre mère fut complètement oubliée du partage.

Un autre et dernier crève-cœur. Lors d'une cérémonie de remise de croix de guerre, les résistants recevaient une médaille qu'un responsable épinglait au revers de leur costume. Sur l'estrade, on me fit avancer vers le Préfet. C'est alors que j'entendis nettement quelqu'un dans l'assistance qui dit :

« Qu'est-ce qu'il vient foutre ici ce gamin ? Qu'est-ce qu'il a pu bien faire dans la Résistance ? »

Me tournant brutalement vers lui avec ma breloque épinglée, on aurait dit que j'avais bouffé du lion :

« Crétin, c'est mon père qui aurait dû être là pour la revevoir et lui, il est mort fusillé. Et toi qu'est-ce que tu as fait pour la Résistance ? »

Ce tutoyement provenant d'un mioche provoqua un brouhaha rigolard qui fit s'éclipser ce malotru. C'était bien envoyé.

Plus tard la Municipalité d'Auxi le Château entreprit d'attribuer le nom de son héros à l'une de ses quatre rues principales : il fallait choisir entre la rue d'Arras, la rue d'Amiens, la rue d'Abbeville. Au cours d'une cérémonie colorée par une multitude de drapeaux tricolores, de flons-flons patriotiques, de sonneries aux morts, de discours vibrant d'émotion, une plaque émaillée bleue avec sa cocarde républicaine fut vissée sur le pignon d'une maison d'angle.

Malheureusement, si pour les écrits administratifs et le courrier postal ou autre, le nom d'Albert VERMAELEN a résisté à quatre-vingts ans d'usage, dans le langage courant, les auxilois, les gens, ont repris et réutilisé les appellations liées à la géographie : rue d'Hesdin, rue de Frévent, rue des Fossés, rue Roger Salengro. On n'y peut rien. A Arras, le mur des Fusillés dit-il encore quelque chose aux gens ?

1938

Une famille encore heureuse

IN MEMORIAM

218 PATRIOTES DE TOUTES ORIGINES
ONT ETE FUSILLES DE 1941 à 1944
DANS LES FOSSES DE LA
CITADELLE D'ARRAS.

VOUS QUI VENEZ EN CES LIEUX,
GARDEZ EN VOS MEMOIRES LE
SOUVENIR DE LEUR MARTYRE.

F.T.P.F   P.C.F
ALBERT
VERMAELEN
10. DEC. 1914   24. JVIL. 1942
LOISON sovs LENS
OVVRIER D'VSINE

Comme tu le vois, ma main ne tremble pas : je sais que je meurs un peu tôt, mais ce qui me console, c'est que je meurs pour l'avenir de mes enfants, pour une vie belle et joyeuse qui vaudra la peine d'être vécue.

Chère femme et enfants, je vous quitte en vous disant

ADIEU

Sois fière de ton mari et soyez fiers de votre Père.

Albert

1942–2022

Pour l'anniversaire : déjà 80 ans. Pour échapper au remords de ne pas avoir entrepris plus tôt, en la repoussant sans cesse, et surtout chaque année, la commémoration de la disparition de mon père. J'ai conscience d'avoir affaibli, voire dénaturé mon récit autobiographique, en perdant mon temps avec mes pirouettes sur les anthologies pseudo-poétiques, l'âge de la terre et les télomères. Un récit qui aurait dû rester grave, serein, digne des hommes et des femmes qui refusaient l'asservissement en voulant avant toute chose la tolérance, la liberté, ne plus vivre à genoux.

A quoi tout cela a-t-il servi ?

Si mon père avait vécu, que serais-je devenu ? Quel adolescent, quel adulte, quel mari, quel père à mon tour serais-je devenu ?

Ces anthologies me servaient de dérivatif hors de ma vie professionnelle. J'avais l'illusion de posséder un don pour l'écriture alors que je concurrençais le M. Grand d'Albert Camus : *Par une belle matinée du mois de mai, une élégante amazone parcourait sur une superbe alezane, les allées fleuries du Bois de Boulogne.*

Qu'est-ce que la vie ? Jusqu'à maintenant aucun philosophe n'a répondu à cette question toute simple. Athée, je n'ai aucune préoccupation de la mort. Quand, plongé dans mes habituelles rêveries, j'entends mon épouse me crier : reviens sur terre, réveille-toi, je sais qu'elle m'adore. Et je continue d'écrire :

Souvenez-vous

Souvenez-vous

Souvenez-vous

Souvenez-vous

Souvenez-vous

Souvenez-vous

Souvenez-vous

L'auteur

Pupille de la nation, professeur de lettres mo-
dernes, puis proviseur de lycée, marié et père de
famille, j'ai voulu répondre aux questions posées
par les petits enfants concernant leur papy fusillé
par les Allemands et inconnu pour eux pour leur
faciliter la tâche dans leurs recherches généalo-
giques.
Vermaelen, c'est Dumoulin en flamand.